村
记

Ray Ma

CONTEMPLATION

马天宇 · 观心

中国友谊出版公司

年少是热烈，

它用诚恳直面世界的率真。

成长是沉淀,
它用坚定抚平岁月的起落。

从稚拙到练达，

这世界外放了我们每一次的起心动念；

从练达到通透，

我们不时地自察内省，也构筑起向往的世界。

明月、大海、孤木、己心。

海浪汹涌，树木孤直，
愿月光温柔，总能照进我们的内心。

很早以前我就想写这封信了，不管我们是相识于 2006 年，还是在这漫长的十多年中我们于种种机缘巧合下有了相知的缘分，我想说，此时我用键盘敲出的每一个字都是我最真实的内心感受。

首先，我最想说的就是，这么多年，辛苦你们了！

如果非说你们是最"佛系"的，那么每次为我打榜、应援、刷超话的时候简直就是"斗战圣佛"一般的存在了！

可能你之前多多少少听过一些关于我的故事，可能你只是一个刚刚认识我不久的小朋友，那么我或许能以哥哥的身份对你说，在这个世界上，不论你多么喜欢一个人或者欣赏一个人，这样的喜欢和欣赏都必须是以爱自己为前提的，你要相信在你的世界里，你一定是那个最重要的人。

即便现实并不总能和我们的想象重叠，也千万不要小瞧了那个爱做梦的自己，因为尽管生活无法事事顺意，但只要竭尽全力，你就会看到闪着微光的远方。

如果我尚且能靠着不向命运妥协的勇气走到今天，那么你也一定要相信梦想会在前行的路上等你。你要自信，相信你本来就特别美好，相信你能够成为最好的自己。

我其实并不是擅长坚持的人，过去所有的坚持不过是出于太多的无可奈何。可当我明白自己有想要为之努力奋斗的事情，坚持就成了永远也不会厌烦的习惯。我们都会有对未知充满恐惧的时候，可只要战胜了恐惧，人生自然会出现一番新的天地。

你们给予了我很多，我也真实地希望自己能为大家贡献一点微薄的力量。如果我的角色能带给你一些欢乐或感动，那么我很开心。如果我的歌和文字能带给你一些鼓励和安慰，那么我很感谢你的支持与认可。

我承诺为着你每一分的支持，我定当认真努力。也愿在今后漫长的岁月里，你也能成为那个比我更加努力的自己。

马天宇

2018 年 6 月于巴黎

您有一封来自马天宇的消息
请注意查收 .txt

当然，你不会被任何人替代。

不会有比你更好的，

恋人，

朋友，

艺术家，

浪荡者。

你有自己才能感受到的超能力，

只等着适时喷发。

请别对我提前透露，

那是你的秘密。

我要做的，

只是等待惊喜。

——高旋《伪造夜行》

CONTENTS

目录

22

第二章　　观树之心

88

150

第三章 ———
观海之心

192

第四章　　观己之心

人们看到满月、新月，甚至是月全食总以为月亮在变化。

其实月亮就在那里，它只是展示了不同阶段、不同时期、不同侧面的自己而已。

所以不必过于在乎别人的意见，遵循自己的内心，

在不同的阶段，不忘初心和自己相处好就可以了。

MOON

第 一 章

观月之心

一个个偶然串联，

成全了我们生命的必然。

我们所有的过去，

拼凑出了我们如今的模样

有时会被问到这样的问题：如果可以，你会选择回到过去的某一个阶段吗？

从前无数闪着光的日子都是我想回望重温的：

某个晴朗的午后伏在爷爷膝头，听他语重心长地告诉我人生的道理；结束了一天繁忙的工作，窝在自己的房间里安心踏实地进入梦乡；第一次挑战蹦极，从几十米的空中飞速落下又弹起；第一次见面会看到孩子们热情地喊着我的名字……

岁月温柔地淘尽时光的斑驳，留下一片灿烂而耀眼的金色沙滩。那些真实地被爱着的日子是我所珍视的，那些一路前行不断挑战的时光也是我所热爱的。我时常想起过往的岁月，却也明白应该更加努力地活在当下。

尽管没有"蝴蝶效应"里那些令人惊诧的曲折，但很多时候，平静湖面上的每丝涟漪都是有迹可循的。

每一个看似早已逝去的昨天会真实地影响着正在进行的当下，每一次没有目的的旅程也会在不经意间丰富我们的阅历和见闻。

我们的过去真实地刻画出我们如今的样貌，身为人初就一直同我们相伴相随，像个无比忠诚的朋友，照出了我们曾经的喜悲。

当初种种无所适从都会变得得心应手，而彼时所有的漫无目的也都指向心之所往。

那些挥霍着的好像永远也望不到头的烂漫时光如今一去不复返，成为我们深藏在内心的珍贵记忆。生命极尽公允地给了我们最

初的单纯美好，却也在时光流转中独具匠心地为我们雕琢了独一无二的成长印记。

因着这看似平凡却又特殊的生命轨迹，我们有所期盼、有所坚持。

笃定地相信着，只要一如既往地读书、行走，从书里看行走的人，在路上写自己的诗，置身天地，纵情山水，想来生活中那些十之八九就显得没那么重要了。

从别人的角度看看自己，
原先的烦恼也许就不再值得烦恼了。

也许我做不了

社交达人

虽然时至今日我还是没学到什么像样的社交技巧，但抱着随缘的态度以诚相待，反倒能获得更加舒服自在的感情。

我也有为说出去的话感到后悔的时候，也会在一场不可避免的争吵过后才觉得当时的发挥实在不是很好。可那又怎么样呢？有些东西除了自己放不下，又有谁会真正关心在意呢？许多事情不过是庸人自扰而已。

适时收起自己的外部接收天线，或者直接给自己的 Wi-Fi 设置

一个密码，提高外部设备的准入资格，这样不仅能保证自己的正常运行，也能免去很多不必要的烦恼。

我知道身为一个公众人物免不了会卷到许多争议当中，想要落得一身轻松几乎是不太可能的事情。但在大部分时间里，我依然免不了会有想要成为一个"透明人"的想法，只要离开工作的状态，我就会尽可能地回归到日常的生活中去。

我也会像个粉丝一样追追喜欢的剧、翻翻有趣的弹幕，在看到自己最初演过的那些角色时，也会在心里默默吐槽："我怎么演得那么烂啊！……"

每到这种时候，我就特别理解当时那些骂我没演技的观众了。时过境迁，离开了当时的状态，如今作为观众的我换了一个角度看待自己，结果竟是如此不同。

其实我知道要做到客观地看待自己并不是件容易的事情。

就演戏来说，尽管我进入角色的时候认为自己已经付出了百分之百的努力，可不得不承认，其实观感并没有达到预期的效果。如果遭到批评，即使打心底非常抵触，但我的理智会强制性地接受那些出于善意而提出的建议和指导，然后想办法去学习精进。即便我说自己起点不高，可既然走上了这条路，就必须在不断地努力下逐步磨炼演技。

总有这样的时候，我们碰到很棘手的状况，遭遇无法突破的"瓶颈"，觉得自己可能要卡在某处再也无法脱身了。然而生活教会我们学着跳出当下的情境，就像小时候某次遇到困难后觉得再也看不到明天的太阳，然而我们还是顺利走到今天一样，我们遇到的很多问题其实都是能咬牙坚持过去的。我们需要从时间的彼端，甚至从他人的角度看待自己，那时，无论是非好坏还是轻重主次就会变得更加清晰明了。

我们一直都很擅长看别人的故事流自己的泪，却很难在自己难过时跳脱出来，把它当成别人的经历去看待。入戏时最好能够共情，一旦走出戏院，也许理智地看待事物才能让我们极大地减少自己受到伤害的概率。一定程度的迟钝其实也不是什么坏事，至少让我们在生活中不被一些不必要的情绪所影响。

燃烧的壁炉

挪威的国营公共媒体机构挪威广播公司，在 2013 年播放过一个名叫 *Nasjonal Vedkveld*（《全国木柴之夜》）的直播节目，节目时间长达 12 个小时。前四个小时以正常的节目制作方式，主持人带领观众全程参与到堆木头、砍木头、劈木头、烧木头这一系列漫长的准备工作当中，而在后面的八个小时里，节目组则将摄影机全程对准室内一个点燃的壁炉。

我是抱着好奇的心态在网上回看这个节目的，虽然没有经过任何剪辑和后期，但它节奏缓慢的内容却没有我想象中的那么无

趣，老实说还有一种疗愈的感觉。

节目前 1/3 的时间，人们谈论木柴，合力劳作。当夜幕降临时，一个姑娘以锯子的背部为琴弦，和着旁边小伙子的吉他居然用琴弓拉出了好听的曲子。之后，木柴在壁炉里噼啪作响，看着炉膛内星星点点的火花和逐渐变得焦黑的柴火，我似乎能真切地感受到在时间的作用下事物是怎样慢慢发生变化的。

很难想象在 *Nasjonal Vedkveld* 直播的当晚，挪威国内有一百万人观看了这个节目，这基本上相当于他们全国总人口的 20%。而且除了观看节目以外，有些观众还和电视台热情地互动，他们大多把讨论的焦点放在树皮应该朝上还是朝下的问题上。

事实上，这个以"慢节奏、超乏味"的特点吸引观众的"慢电视"在挪威也算不上首例了。从 2009 年长达七小时的火车行程直播开始到后来的这几年里，挪威广播公司前前后后推出了 20 多个类似的节目，节目内容里，有关于邮轮航行的、有关于织毛衣的……而他们之所以能够收获一大批忠实的粉丝，是因为全程纪实的形式让所有即将发生的事情都充满了未知的可能性，它的无法预测和本身的真实性能让电视机前的观众产生一种亲切的参与感。

不过这股席卷挪威的台风刮到别的国家就没有掀起什么水花。尽管芬兰、瑞典、美国、澳大利亚，甚至是中国的香港地区都出现了类似的慢电视，但得到的关注却远远不及挪威。

在一些人看起来充满乐趣的事情，可能在某些人的眼里就变得索然无味。同样，在某些人口中津津乐道的东西，另一些人可能根本不屑一顾。

我们无法对"有趣"下一个标准的定义，也没有办法对"意义"做一个统一的衡量。

与这样的"慢生活"相左，其实今天我们很多人的生存信条都是不被这个飞速发展的时代落下。

生活选择了我们，
可我们也选择了生活。

每个人都可以成为

自己生活的生活家

我们已经习惯了以尽可能快的速度去做尽可能多的事情，除了工作以外，就连空闲的时间也是如此——用 N 倍速看完 60 多集的电视剧，用 10 多天的时间打卡七八个城市或者国家，通过各种可能的途径在游戏里刷分上星……

在信息越发碎片化的今天，我们能完整地了解一则新闻的背景、经过、结果已属不易，更不用说要在一大段完整的时间里坐下来平心静气地完成一件事情了。

我们有时会想方设法让自己忙碌起来，但等到终于可以躺在床上的时候，回想这一整天的辛苦劳累却始终觉得毫无意义。

曾经我们觉得未来给了我们无限的希望和可能，可等到未来变为曾经，我们大多数人都不得不在现实和梦想的巨大落差里苦苦挣扎，就像热狗歌里所唱的："差不多先生，过着差不多的人生，做着差不多的梦，说着差不多抱怨的话……"

在人生很辛苦的时候我们总会觉得自己是世界上最惨、最累的那一个，但朋友的一句话点醒了我。他说，谁的人生不辛苦？大家都是一样的。他说得没错，谁又能比谁活得更轻松？谁没有需要独自面对的问题？谁能保证自己从来都没有坚持不下去了，想要放弃的念头？

在面对人生困难时如此，而在面对人生理想时也是如此。

我们都有选择抓住梦想或将它深藏内心的权利。如果选择抓住梦想，那前路再曲折难行也要耐心等到梦想实现的那一天；如果选择保留梦想，那就为了责任、为了生活全力冲刺，不再以梦为马。

我也有过遗憾和后悔的时候，在那么多的悔不当初里，有很大一部分来自我想在"二选一"的抉择中达到两者兼顾。我知道其实在很多情况下我们也不是全然没有转圜的余地，可人生重大的决策往往都是一去不回的单行道，而在这只此一条的单行道上，我们必将孤独前行。

可能是我很早就明白了这样的道理，所以即便是遇到心情不好的时候我也不太愿意向别人倾诉，因为比起处理自己的情绪，我更害怕的是麻烦别人。尽管我知道有的朋友愿意为我排忧解难，但多年的习惯让我无论如何都没办法在这些略显矫情的事情上对人主动开口。

过去漫长的独处时光，赋予了我一套完善的自保机制，像是鱼为在海底漫游长出的鳞片，像是鸟为在长空翔翔生出的羽毛。在无关生死的问题上，就算遇到再强烈的碰撞，我也不会轻易变得血肉模糊。

我曾经历人生冷暖，觉得生命中最为重要的就是在这偌大的世界之中竭尽全力地保护好自己和家人；如今我有能力给予他们充分的庇护，却也慢慢明白有自己擅长且热爱的事情是值得用一生追求的幸福。

完美的生活应该是什么样的？从前觉得每月按时拿到工资就很好了，现在更多地希望我饰演的角色能够带给观众惊喜。

人生的阶段不同，我们的状态也会不同。如果每一个过去的自己都不曾尽善尽美，那希望从现在起，你，这个独一无二的自己可以努力做到别让自己后悔。

一个人的朝圣

越是感到孤独的时候，
就越是我们迅速成长的时候。

前几年看了《北方的空地》，作为用 77 天独自穿越了大羌塘无人区的旅行家，杨柳松出发时的全部家当也不过是 100 千克的行李和一辆载行李用的自行车。在极其严酷的环境下，他用他的小红帐篷在偌大的戈壁里为自己搭建了一个小小的栖身之所，帐篷外有出没的狼群、觅食的棕熊和气温骤降所带来的危险。在一望无际的荒原上，最可怕的就是迷失方向，一旦走丢了就会被永远地困在这片无人之地了。而事实上又有什么是不可怕的呢？找不到水源、意外受伤、狂风暴雪……只要有一关没闯过来，就会付出生命的代价。

在没有旅伴也几乎看不到什么人的漫长行走中，孤独是在所难免的，人在孤独的状态之下有些感官就会变得异常灵敏，所思所想自然也会比平日里来得深沉。我们在前行中一点点积累新的认知，当然也不免推翻从前的想法。

在旅程到达终点的时候，杨柳松在书的结尾写道："生命是一条贯通的河流，一切皆是没有开始的复始。我们所期望的终点并不存在。"

一段旅途的结束往往意味着另一段旅途的开始，我们当初认为的因终结而带来的成就和满足往往会被一种巨大的空虚感所取代，纵然这种迷茫有时会让我们短暂地陷入无所适从的状态，可游移过后我们会更加坚定地向着下一个目标走去。

我承认如杨柳松那样的壮举自己是没有办法做到的。但我一直向往着能像他一样全然抛开城市中的一切在戈壁旷野中完成一次行走。

《在路上》里，有一段对人在旅途中的描写让我印象深刻：在

距丹佛几百千米外一辆行驶的卡车上，萨尔仰头望天，看到了空中硕大的彗星，沙丘迅速后退并逐渐模糊，而自己就像是一支永不停息的箭……

仅仅依靠想象，我就能感受到在静谧的夜里，有风簌簌地吹过耳边的场景，这让我对大自然生出了无限美好的遐想。而在这样的情境之下，头顶着星空，脚下是自由，外物于我们，已经失去意义。

也许有一天
你会做一件在别人看来毫无意义的事
他们会问你为什么
那时你会想起我
并坚持下去
——蕾秋·乔伊斯《一个人的朝圣》

孤木向阳，群聚成林。

我们着意日复一日用尽力气地扎根生长，是为了葆有对生命本身的热情与尊重。

只有不断挖掘，我们才有机会更加明白生活的意义。

而在坚持探寻生活意义的过程中，

我们可能不仅仅成就了自己，也在偶然之间成全了别人。

第二章

观树之心

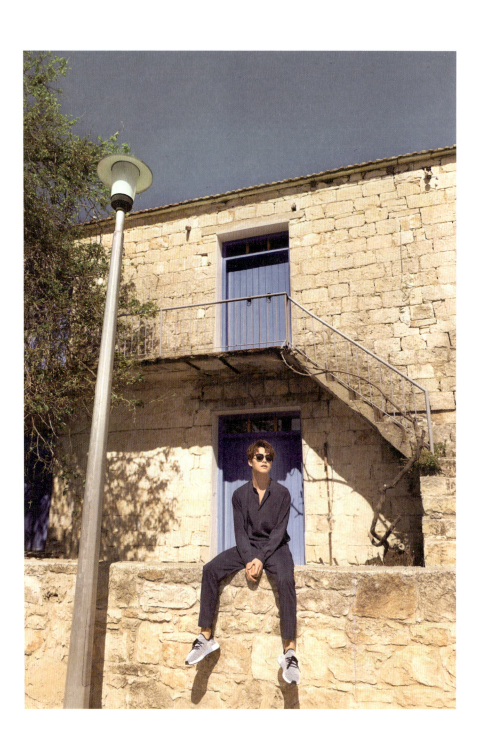

生活的最佳状态是冷冷清清的风风火火。

—— 木心

出走半生，

是为了更好地回来

南欧有一些国家的人每到七八月份的时候就会迎来一个漫长的假期。他们在假期里几乎什么都不做，只需找一个自己喜欢的小岛，每天躺在海边的沙滩上晒太阳就可以了。

我想可能是因为地中海气候，某些地区每年入冬后几乎就碰不到什么晴好的天气，因此他们对太阳的执着也是可以理解的。

他们的旅行不是为了锻炼，不是为了体验，更多的是放空自己，纯粹用来舒展那些在庸碌的生活中被折叠的内心。

可能与他们不同，我过去许多说走就走的旅行更多的是为了追求一种新鲜感。去不同的地方、看不同的风景、见不同的人，我曾经想要把每一个画报上的二维图片变成可知可感的立体场景——冰岛的极光、帕劳的珊瑚、迪拜的哈利法塔、爱琴海的邮轮……

别具风格的景物总能点燃我们的热情，这使得那些往日在无形之中累积的麻木消极也随着景致的焕然一新而有所削减。

就像是给能量不足的电池找到了充沛的补给，每一次的旅行也能为我的躯壳填充丰富饱满的内里。

前些日子，也算是为着工作的关系去了趟塞浦路斯。初夏的塞浦路斯有着地中海岛国特有的热烈的阳光，我们住的地方巷弄幽静，建筑古朴，街道尽头的小广场上，老人们悠闲地坐在室外咖啡厅的椅子上热络地交谈着，一旁的孩子围着广场中心的雕像不知疲倦地嬉戏玩闹。远远看去，广场上的一切就像是一幅宁静美好的油画，可如果身处其中，却又能感受到这画动人的生命力。

在这样的国度里，以石头为原材料的房屋无声地彰显着悠久历史的传承，石屋周围，大片茂密的树丛和明艳的果子同时也展示着历经时间的洗礼仍旧生生不息的活力。房子和树相映成趣，和谐之中也不乏给人带来的视觉上的冲击，也许这就是我觉得既踏实又不感枯燥的原因了。

我小时候见惯了矮房、山丘、田野，那时候满心向往着高楼、大路、车流，可等到后来看多了人潮、霓虹、大海，却又思念起当初的门庭、溪流、晚霞。

走在塞浦路斯的街道上，依稀想起多年前走在类似街道上的小小的自己。几经辗转，我似乎又能回到当初内心满怀希望的状态，于是忽然明白原来出走半生，是为了更好地回来。

我每一次的出走都是为了回来的时候能够永葆最大的热情。也许在我内心深处还是想要炽热地活着，去滑雪、去跳伞、去蹦极、去潜水……对能够唤起生命活力的一切进行尝试，始终保持当初我对这个世界的好奇和探寻。这些不仅是我在重压下得以续命的法宝，也是我可以不断前行的最大动力。

我们背着重重的行囊上路，

却发现必需的不过是简单几样

毫不夸张地说，我第一次认真思考"生存"这个问题，是在第一次去国外旅行的时候。那时候语言不通，从落地过海关的那一刻，我就意识到想要在国外平平顺顺地待上几天，绝不会是自己之前想象的只要知道几个简单的词汇就可以了。

我开始担心如何应付必要的交流，因为当基本的生活诉求都无法顺利表达的时候是谈不上所谓的享受的。

显然我的第一次境外游并没有给我留下什么美好的回忆。

我不否认其实世界上很多地区的人们对游客在语言上并不苛责，只要能表明自己的意思，就算用到夸张的肢体语言都没有任何问题。况且我们华人的群体如此庞大，不管我走到哪里几乎都能找到可以向其寻求帮助的当地华人。

尽管这些都为我们的旅行减少了很多沟通上的障碍，但我还是会为了旅行专门抽出时间去系统地学习语言，不为别的，就是希望行走异乡时身上能多一份从容和底气。我不必在碰到上前搭讪的外国人时觉得战战兢兢，也不用因为害怕听不懂他们的某个笑话而尴尬不已。他们自有可与我分享的当地故事，我也能娓娓讲述我的祖国、我的家乡。

除了语言带来的问题，想必很多出国玩儿的朋友也会跟我有类似的经历。最初的几次旅行，我恨不得把整个家都装进行李箱里，大到衣物、枕头，小到药片、牙线，一应俱全。那时候总觉得出门不比在家，万一缺了什么肯定会给自己带来非常大的困扰。

可几次下来，行李箱开开合合，我们所用到的始终不过几样东

西。至于剩下的,不过是增加箱子的分量,让每一次的行走变得更加辛苦罢了。

在异国的街道上不乏成群结队、着装统一的背包客。他们所有日常所需都装在身上的背包里,这让我不由自主地生出一种羡慕。路途当中,充足的物质会为我们堆砌出一种厚实的安慰,而像他们一样用强大的内心踩出一路坚定的,则自信地彰显出以天为盖、以地为庐的气魄。

四处为家却从不孤独,孑然一身也毫无畏惧。所谓的洒脱放浪,重要的是安顿好自己的心。

我并不是个造梦者，

但我希望自己可以成为梦的守护者

老实说，在我的认知里，如果要选出一种在这个世界上最难以胜任的职业的话，我想那一定是教师。

他们不仅是知识的传播者，也是孩子们的保护者。单单是以言传身教的方式，成功地为孩子树立起正面的榜样，就已经是非常艰巨的任务了，而要做到倾听孩子的想法、耐心地疏导鼓励更是难上加难的事情。

其实光是要应付一个小外甥，我们这些做家长的都不免会有心

力交瘁的感觉，那么老师们在面对无数个像小外甥一样独特的个体时，不知道是不是也会遇到力不从心的情况。

因为小外甥的教育问题，我之前读了一些有关心理学的书籍，就我掌握的最粗浅的知识来看，有一条是让我觉得非常有趣的：很多心理学家都认为婴儿在出生时就拥有独特的个性和气质了。此前安妮·摩尔菲·保罗在 TED Talk 上也曾表示婴儿早在妈妈腹中时就已经开始了与母体和外界的联结。比如他们爱哭还是爱笑、安静还是好动等都有很大一部分是取决于先天因素的。

后天的教育和引导固然重要，但这一切都必须是建立在遵从孩子天性的基础上的。在了解孩子这方面，为人父母尚且需要经历一个漫长的过程，那么作为面对很多孩子的老师，要知道每个孩子的脾气性格、他们的梦想、他们的坚强与柔软都是不容易的事情。

我自知没有办法像老师们一样做到事无巨细，能帮到孩子们的也相当有限，所以也就只能想着尽自己的能力让一些山区的孩子们吃得饱、穿得暖，而这也是我最初做慈善时想要达成的

愿望。

可能是因为自己小时候的经历，这么多年来我关注最多的是山区孩子能不能上得起学，有没有充足的食物和衣服。其实在物质不太充裕的环境下，小孩子们是真的吃不到多少东西的，而受饿受冻也是他们经常遇到的状况。如果大家看过这些孩子，就应该能了解这些情况了。

刚开始想要做这件事的时候，我会为他们购置衣服、奶粉等一些维持基本生活的必需品，觉得自己能在改善他们生活的方面提供哪怕多一点点的帮助也是好的。

但前两年我对公益的想法发生了很大的改变。我原先认为为善而急欲人知并不是出于本心的真善，可随着我对许多困难环境下孩子们的现状有了进一步的了解，才慢慢意识到自己面对的是十分庞大的需要被帮助的团体，单凭自己一个人的力量根本就是杯水车薪。

和孩子们的健康成长相比，我心里那些所谓"真善""伪善"

的考量统统显得无足轻重了。我需要用自己积攒的微末的影响力让更多的人去关注这些孩子现在的处境，我也需要通过自己的身体力行切实地为亟待需要帮助的孩子带来一点温暖。

我很感谢愿意和我们团队合作积极报道慈善行动的媒体，他们事前的认真策划、过程中的跟踪记录以及在纸媒和数字媒体上的热心倡导，无疑使近两年来我们做过的一些公益活动得到了更大范围的关注。追随我多年的朋友们自不必说，最近有很多社会上不认识的朋友也给予了我们很多正面的响应，我想这都得益于和我们合作的媒体朋友们长期细致的工作。

不过要说到公益的宣传方面，其实我还是有很多顾虑的。比如过早地将孩子们曝光在大众面前会不会给他们今后的生活带来影响，比如我对他们说的东西会不会让他们产生一种脱离实际的幻想。

也许在很多人的眼中，我们为孩子们提供的物质就是他们所需的全部，然而他们真正需要的远远不止于此。不管愿不愿意承认，屏幕前或者手机端的我们有时会把公益物化，把它变成一种财力和物力的较量。其实公益和慈善最根本的还是在于关怀的传递，尤其是在帮助贫困地区的孩子或一些身体不太健全的孩子时，我们更要注意自己的言行和在面对他们时应该采用的方式方法。

孩子的心总是单纯而直接的，他们看待世界的角度很多时候和我们这些经过岁月打磨的成年人是不一样的。生活在山里的孩子从小与大自然为伍，在田间奔跑，在树林里捉虫，每天都能看到远处地平线上的日升与日落，他们的精神生活从不贫乏。

我去山区学校里服务，并不是以给他们创造普世意义上的"梦想"为初衷的，我只希望自己的出现能或多或少地带给他们一些乐趣和新鲜感。或许在和我们刚刚接触的时候，有的孩子会有些羞涩腼腆，可只要渐渐熟络，他们活泼率真的一面就会慢慢显露出来。

和孩子们的相处会让我想起无拘无束的童年时光，他们稚嫩的脸庞和清澈的双眼能让我们忘掉许多身在都市的焦虑和不安，这让我们更加坚定地想要保护他们的这份纯真不被物质的匮乏所拖累。

有些时候当我们成年人放下固有的"长辈"的姿态，不以一个训诫者的立场，而是以一个大朋友的身份去理解和倾听孩子们的想法是一件很棒的事情。

我们不需要将那些人生的道理急迫地讲给他们听，即便适度地纠正和引导孩子是必要的，可我们也要给予他们充分的成长空间。

希望你不要变成

无聊的大人

外面的世界也好，未来的生活也好，我们总是很擅长用极具诱惑力的语言描绘出一幅幅让人向往的画面，以为这就是能够激励到孩子们的美好愿景。可仔细想想，这些略带卖弄意味的自我意识的贩售会不会显得有些不太温柔？如果孩子们依循着我们的脚步见到了梦想中的浮华和富足，却不知当初那个"造梦者"没有说尽的浮华富足背面的孤独和辛酸，那么他们还会一如当初那么急切而坚定吗？我不敢肯定。

我不忍告诉孩子们这个世界不是只有光明的 A 面，一如我不愿

用华丽的辞藻堆砌出那些别人眼中的功成名就。

我记得曾有个孩子问我："北京的房子是什么样的？"我很坦白地告诉他："北京的房子跟你现在住的没什么两样，里面有爷爷、奶奶，还有爸爸、妈妈。"

我明白自己完全可以给他另一种答案，跟他说北京有很多高楼大厦，很多人都住在这些大厦的公寓里。可是如果真的以小朋友的角度去思考的话，这样的回答不仅没办法激励到我的小朋友，反而会拉远我们之间的距离。我并不想变成一个自以为是的人，而显然去炫耀我们相对富足的生活环境，也不是我去看望孩子们的初衷。

每个孩子都有自己的梦想，这些梦想不仅仅都是以追求物质为最终目标的。

我曾看过他们认真地在纸条上写下"我想当老师，因为我觉得老师太辛苦了""我想当飞行员，因为我想去天上看看""我想当医生，因为医生可以治好妈妈的病"……

在孩子的世界里，他们的梦想都出自最为真实简单的原因，在这些原因当中，很多都是和钱财名望不相干的。

就算我知道迟早有一天他们也会变成为了生活奔波、为了薪水劳碌的成年人，但我希望至少在那一天到来之前，这些孩子可以为了世间的温情，为了自然和宇宙的奥秘，永葆他们最大的热情。

践行的力量

我从来没有想过让我们帮助过的孩子记住我们，我所期望的是我们的出现带给过他们一点不一样的体验。我们曾经用投影仪为孩子们展示了现代科技的发展，给他们送去了很多值得被推荐的经典书籍，和他们一起做游戏、读书，为他们做一些力所能及的体力活儿……

这 10 年来，我们每一次的出发都是对回馈他人的承诺的践行。尽管我知道自己做得还远远不够，但只要仍然有人需要帮助，那么我就还是会努力贡献出自己的力量。

我从前最大的愿望就是成长为一棵参天大树，用自己茂密的树冠为我爱的人们遮风挡雨。而今虽然我的枝干还不壮硕，但也足够挺拔，我知道在根系不断深入地下的同时，也理应滋养培植我的广阔土壤。

我本就扎根贫瘠之处，自然更明白资源于生命的重要性，而当看到和我曾经处境相似的这些小幼苗努力地想要生长拔高的时候，心中不免会多了一种疼惜与关切。我想让他们知道早晚有一天他们也可以长出强健的枝丫，只要他们心有所盼，就能够一点点地接近蓝天。

然而太多美好的心愿是没办法单纯用语言去实现的，所有殷切的期望都只能落在一张张援助计划书和一趟趟的物资运送里了。

就我个人而言，即便我们能够为孩子们提供一定的物资支援，也绝不能以"物资支配者"的身份去干预孩子们的正常生活。

对资助过的孩子，我只会通过助理或者身边的工作人员去了解他们的近况，希望在他们遇到困难的时候继续适时地予以帮助。

我不希望自己强势地参与到他们的生命轨迹当中，只单纯地想要尽自己所能在他们困难的时候搭一把手，让他们在觉得自己没法坚持下去时可以感受到来自陌生人、来自我们这个社会的一点善意。

其实就算我这样的心意没有得到很好的传递也没什么关系，因为最重要的是能够让孩子们在我们的帮助下快乐地成长。

可能我这些出于善意的举动，对孩子们或是对同样正在做着和我们一样的事情的人们来说有些微不足道。我很清楚身处社会这张庞大的网络之中，在面对不管是慈善团体还是新闻媒体这种自成组织的结构时，自己不过是再普通不过的一个小点，可一旦我与周遭的团体产生了联结，那么我的想法也好、物资也好，都会通过他们更为完善的网状系统向四面八方传播，这样因我们的联结所产生的更大聚合会对整张网络产生区块性的影响力。

我们乐于看到通过自己的努力让原先自己这个小小的点状物逐渐延伸发展，在更为广阔的范围内发挥出强大的力量，也希望更多尚有余力的人能够看到我们的努力，积极地加入到社会公益和社会慈善的行动中来。

其实从出道到现在，这一路以来我也都不是一帆风顺的，我一度也有过非常困难的时候。不过就算遇上再多变故，我坚持公益的心却是从来都没有改变过的。

像是捐赠物资这种事情基本每年都会做两三次，或许是响应大山的召唤，也或许是出于对孩子的喜爱，我每次都会跟着我们的物资一起去往山区深处的学校里。如果赶上了某次的支教活动，那么前期的准备工作就会更复杂一些。我们通常会提前了解援助地包括气候环境、经济状况等很多因素在内的基本情况，在对该地有了大致了解之后，再针对当季缺衣少物的具体困难提出我们的解决方案。当然在某些极端的地理条件下，我们也要照顾到同行工作人员的身体状况。

我们每次的成行和物资运输、支教任务的圆满完成离不开当地相关人员的协调和配合，也正是因为他们大量细致的准备工作，才解决了我们在整个执行过程中所遇到的障碍。

从孤儿院到希望小学，从教室修缮到爱心义卖，过去为孩子们做的每一件事情，我都是抱着最真诚的善意。孩子纯真的笑脸不可辜负，他们清澈的双眼不可辜负——这是每当我看到他们时最为真切的感受。

我记得他们答应过我要好好学习，我记得他们认真写下的关于未来的展望。一支铅笔他们轮流使用，一本旧书他们小心翼翼地翻了又翻。身处陋室，有时他们比我们更懂珍惜，物质匮乏，他们却更乐于分享和互助。

特殊学校里，虽然有的孩子身患残疾，但不会放弃对生活的希望。他们用自己的行动实实在在地教会我坚持的力量，也正是因为他们的坚持，才更激励着我在公益的这条路上一直继续走下去。我相信在这条路上我们从不孤单，有了你们，我们的公益队伍会不断地发展壮大。

每一条河流都涌向了海洋，但海洋从不曾被填满，

因为每一条河流都将回归河流。

相信我吧，这是潮汐的奥秘，这是渴望的奥秘。

——阿沃·叶舒伦

我们曾经看山是山，看海是海。

后来历经种种，山不是山，海并非海。

然而时光流转，我们承认眼前依然是那山那海。

岁月变迁，世事变幻，支撑我们坚定向前的无他，一颗广博的心足矣。

OCEAN

第 三 章

观 海 之 心

佛系生活

用 着 意 放 下 的 态 度 来 标 签 自 己 的 生 活 。

在面对汹涌外物时做到不争不抢，在身处焦虑重压时保持平静淡然。

我们希望用这种洒脱的心境对待世事纷扰，也希望时时事事都能做到波澜不惊。有人生来如此，而更多的人需要经年累月的着意修炼。

每个人都有各自的成长轨迹，虽然我们遭逢的经历不尽相同，但从牙牙学语到独立行走，从识字念书到与人相交，无一不需

要重复地学习和模仿。

等到我们踏进社会，尤其是在不同的关系当中摸爬滚打了很多年后，自然会发现当初离家时那个懵懂青涩的自己已经逐渐变得冷静自持、进退有度。而这些，多半也要得益于这一路以来我们认真的累积和试错。

我们满怀真诚，有时却不免处处碰壁，因此经年的蜕变让我们学着怎样表现得亲切谦和、怎样放大自己的积极乐观，说什么样的话能迅速拉近和新朋友的距离，用什么样的方式做事才不至于总在大家面前出糗。

我们急迫地变为亲切成熟的大人，却总不免想为自己保留些许棱角。理性与放肆拉扯，使得为个人空间"划线"这件事情显得尤为重要。

和许多人一样，我也经历过一段无所适从的日子。那时初登舞台，我最害怕的就是尴尬和冷场，它会让我好不容易树立起来的信心顷刻间丧失殆尽。

其实这对感知力过强的人来说并不是什么好事，因为每每经历诸如此类看似无足轻重的"打击"，都势必伴随着一段颇为漫长的心理恢复期。

每到这样的时刻，我们便会本能地想起家给自己带来的安逸舒适的感觉。在家里，我们不必再顶着巨大的压力对所谓的安全距离严防死守。只需在进门时，脱掉那件包裹自己的厚重外衣，尽情享受没有拘束的自由快乐，无所顾忌地做任何喜欢的事情：浇花、看书、做饭、整理……

我乐于修理家中坏掉的东西，对做木工这件事情也是非常执着——看着木板严丝合缝地组装在一起，能给我带来极大的快乐。即便是到现在，如果没有非得出门才能完成的事情，那么我就会在很长一段时间里待在属于自己的空间中。

时至今日，我所懂得的所有保持佛系的法门也就是学会自处了。

当"完美"和"独特"无法相融时，

尽可以选择做你自己，

因为你本身就是独一无二的。

以自己喜欢的方式过一生

过去我没有想过自己到底是怎样的人，刚刚成为一个公众人物时，我对自己的很多认知都源自外界的评价。面对不时的赞扬和谩骂，我的心情总不免随之或喜或忧。

可能每个人的出发点不同，因此我得到的评价也大相径庭。我想过要成为大家眼中那个好看的、完美的人，然而就算我对照着"完美"人设的标准逐一记录、模仿、学习，可一旦对自己稍加审视，就会很快发现个中差距——我学得不好，也知道自身的限制，于是在"尽善尽美"和"舒服做自己"这个选择题中，

我稍作挣扎就很快选择了要让自己活得舒服。

我知道有很多和我一样的人，我们天生就有无法完全融入周遭环境的疏离感，这好像是我们多么努力设法改变也根本无济于事的客观存在。我们交朋友所需要的时间比别人久，表达关心也免不了显得有些笨拙。大多时候，别人眼中，我们的稳重成熟不过就是不善言辞、无力争辩的表现罢了。

没了初到北京时对"左右逢源"的迫切渴望，这些年的沉淀反而让我逐渐接受了自己本来的样子。能够做到八面玲珑、耳聪目明固然很好，可承认自己没有那么圆融周到、没有那么诙谐风趣其实也并不是什么困难的事情。

千人千面，每个人的演绎不尽相同。我们不必拥有世间所有美好的特质，在无关是非曲直的生活中，我便是我的所有准则。我能想到这世上最幸福的事情，无非就是以自己喜欢的方式过完一生。

有益的钝感

是一种才能

无论在人生的哪一个阶段，"愉快"和"烦恼"的比重总会在人们心里不断地发生变化。我们不动声色地消化掉快乐，却也不得不独自面对需要解决的问题。

在我们努力寻求内心安稳的大多数日子里，偶尔的不快也是在所难免的。很多时候我们的不开心，往往是因为过度放大别人的情绪，而太过在意别人的看法，是不是也说明了其实我们对自己并没有一个特别清晰的认知呢？

不管我们曾经低估或者高估自己，都不得不承认没有人是座孤岛，我们得在不断地和别人的对照当中持续调整着对自己的认知。

可能也正是因为这样吧，当我们见过了足够多的人、看过了足够大的世界之后，我们认识到的自己才有可能无限接近于我们本身的模样。

知道自己的优点，知道自己的极限，知道什么是能够接受的，知道什么是不可以触碰的，坦然承认自己还不太强大，甚至也许永远都无法达到我们想象中的强大——这些都是可以真实地安慰到我的想法。

渡边淳一在人生走到后半段的时候写了一本书，书的名字叫"钝感力"，他给自己创造的词赋予了这样的解释："钝感力"是一种"迟钝的力量"，它是赢得美好生活的手段和智慧，让我们在遭遇挫折和伤痛时不要太过敏感，坦然面对流言抑或褒奖。

他强调过度在意外界的批评和嘲讽会大大降低我们的自我认同，

忽略他人带给我们的一些负面情绪能够让自己更加专心地投入到真正想要做的事情上。在不必要的细节上大而化之，反倒可以使生活变得更加轻松愉快。

随着年纪的增长，相比从前的小心翼翼与木讷拘谨，我们会尽自己所能百炼成钢，变为一个名副其实的"厚脸皮"。我们不再过多地被别人的言论左右，也不那么容易被不屑的表情刺伤。说不定原先需要一周才能消化掉的低落情绪如今几乎一转头就忘记了。

可能活在这世上的时间越久，这世界是会给予我们一些小小的奖励的，比如一个自动过滤掉颓废病菌的筛子，或是在"玻璃心"外层加了一个还算结实的防护罩子。

我们无法左右别人的看法——事实上要彻底搞清楚别人是怎么想的，也是颇费工夫的事情——但我们明白从远方越来越清晰的那一刻起，就是我们所要扬帆下海顺着向往的航道载浮载沉的星辉征程。风大路远，自顾不暇，至于揶揄不屑，且随它去吧！

在特殊的人生阶段，认真整理情绪，书写自己的当下。

似乎通过这样的方式更能让我们直观地看到自己的内心。

而审视自己的内心，为的是一种纪念。

跟过去的自己道一声珍重。

第四章

观己之心

父母留给我的不仅是我年幼时的玩伴，
也必然是我这一生的依赖。

"马天宇背后的女人"

老实说，父亲走时囊空如洗，他留给我最宝贵的财富就是两个
姐姐了。这些年当初很多同行的人走着走着就散了，但我始终
固执地相信她们一定会是决意陪我走到最后的人。

不过她们可不是所谓"马天宇背后的女人"，姐姐们自信、坚
强、靠着自己的努力和相互扶持，为我创造出一个温馨的家。
正是有了她们的存在，才给了我当时受冤负气出走的底气。也
正是因为她们的无私，才使我成长的道路上少了很多由物质所
带来的阻碍。

她们有时像意气相投、肝胆相照的朋友，在我需要时毫不犹豫地伸出援手；有时像宽容温厚、焦心劳神的长辈，在我烦恼时不厌其烦地安慰开导。

去北京的路是姐姐给我开拓的，父子间的桥也是姐姐为我搭就的。她们用年长我几岁的智慧提前帮我分担了生活的辛苦，让我在最初的那些年里尽可能地享受到了年少时光里应有的乐趣。

她们以为的"本能"，却是我铭记在心的恩情，因为人生之初的经历让我深知世间所有的感情都是得来不易的，而能被我们握在手中的幸福就更加弥足珍贵了。

我们以彼此最为舒服的方式待在适当的距离内相互陪伴，没有那么多的小心翼翼，也从来不担心有一天会冷淡疏远。

当然我们也会吵架拌嘴，虽然我很少发脾气，但也免不了有火气上来的时候，生了气偶尔撂几句狠话也是有的，可是往往话一出口，气也就消了。

在这个时候，对于应付"如何适时地给自己找个台阶下"的问题，我可以说是驾轻就熟了，仗着"家人们才不会和我计较的"这一得天独厚的优势，我总是能在迅速扑灭愤怒的小火苗之余把燃烧后的灰烬也清理得干干净净。

求生欲强大如我，向来不会参与到旷日持久的冷战中去——只是想象一下我们在同一个狭小的空间里要绷着脸装作对彼此视而不见的样子就觉得很辛苦了，更何况我有的时候还真是挺蒙的，经常吵了架后转脸就能把刚才的不开心抛到脑后。我很难

长时间地处在一种负面的情绪当中，所以可能正是我害怕尴尬的体质使得自己变成了一个冷战绝缘体。

在我看来解决矛盾最好的方式就是沟通，而吵架也不失为一种了解彼此真实想法的较为激烈的沟通方式。有时就算亲密如我们也会有意见相左的时候，单单依靠自己的想象和猜测去了解它们背后的动机，很容易让我们陷到一种闭塞抗拒的状态里，久而久之渐行渐远是必然的结果。

倘若本是陌路，那么这样的做法当然无可厚非，但如果对方是我最爱的家人，那么无论如何我都无法做到对我们之间产生的矛盾不闻不问。

然而生气闹脾气只是很小的插曲，我们的家庭生活在大多数的日子里都平淡而踏实。那种感觉就像是小时候在爷爷奶奶家，大家各自忙活着手头上的事，嘴上还有一搭没一搭地聊着天，既让人安心又乐得闲适自在。所以就算我已过而立之年，但只要一放下工作还是很喜欢冲到姐姐家和他们待在一起。

有时兴起，我会趴在桌前为家人筹划一次远途的行程。泰国、日本、美国、欧洲……每一次共同的旅程都是一份独特的记忆，而正是这记忆的进度条不断加载，我们人生的界面里才会一次又一次地弹出崭新的通关窗口。我们以德州为起点，用漫长的时光逐渐展开了冒险的版图，在每一个向往的地理坐标先插上一个"到此一游"的小旗，再留下一串伴随着泪与笑的曲折的脚步。

作为这一路探险闯关最重要的旅伴，姐姐们有着像战士一样披荆斩棘的魄力，也有着身为人母的刚强果敢与温柔圆融。年幼时，我遥望着她们的背影催促着自己快快长大，而今揽着她们的臂膀希望时间会为我们稍作停留。

四季更替，货架上从来不缺应季的水果，市面上总是充满新鲜的故事；斗转星移，门前远道的宾客来而复去，巷弄啼叫的鸽雀早已无处可依。

人们漠然又敏感，想在一食一物堆叠的生活细节中找到生命的规律和法则，然而前路未知，无迹可寻，就连曾经我想要拼命抓住的东西也零零落落地遗失在了无数个不经意的转角。

我有太多没被顺利签收的一厢情愿，也经历了太多被拒之门外的不甘与失望，可每每想到自己是被最在乎的家人全心全意爱着的，就庆幸自己始终相信着"付出"与"收获"、"失去"与"得到"这些不时会发生在自己身上的小型宿命论。

我知道人生走到这个阶段做好减法是必须认真对待的功课。从前五光十色的画板上，每一笔都是值得自豪的浓墨重彩，而今纷繁复杂的布景反而让"人生"这幅浩大的卷轴失去了应有的质感。

每一次的不忍心和难拒绝都会带来无穷无尽的烦恼，所谓"断、舍、离"，最重要的意义就在于把有限的时间留给最需要我们认真对待的东西。

其实我也不止一次地劝说自己要变成一个很酷的人，但可能我生来如此，想彻底地脱胎换骨是真的不太可能了，这道人生的课题，我会慢慢学，也会慢慢改。

一夜长大

如果说我人生中经历了什么重大转折的话，我想应该是至亲之人的相继离世。

今年在得知噩耗的那个瞬间，我觉得远方那座巍然矗立的高山突然间倾塌了。

洪水泛滥，风云骤变，我们长久以来赖以生存的环境一夕之间天翻地覆。

冷，深入骨髓的冷！

我睁着眼睛从天亮到天黑再到天亮，脑子里无数往日的画面异常清晰，身边人来人往于我来说却是恍如隔世。

我不知道最初的那几天是怎么熬过来的，只是用仅存的清醒和理智支撑着像提线木偶一样的自己打理完父亲的后事。

那段日子我陷入了深深的沮丧当中。我把自己闷在房间里，不愿意开口说话，对着窗外发呆的次数也变得多了起来。有时也不知道自己具体在想些什么，但好像对所有的事情都失去了兴趣。

每每看到父亲生前用过的东西，记忆就会迅速闪回当初他在世时的场景。这让我觉得记忆真的是很奇怪的东西，我能够见到他的时候，想到的都是他曾经的背叛和抛弃，可当我永远看不到他以后，想到的却是他的微笑与关怀。

恨也好，爱也罢，我心里从来没真正把他放下。尽管之前他都没有尽到一个好父亲的义务，但我们姐弟四人始终默默地为他留有一个不可替代的位置，而今这个位子空了，我们的心也都空了。

过去出门姐姐总是惦念着家中的父亲不愿远行，可她如今再无惦念，却还是少了一分应有的洒脱自由。在她看来，她纵然有身为姐姐义不容辞的责任，但我更加明白，从今往后撑起这个家的应该是我。

我主动坐到了平时吃饭爸爸会坐的那把椅子上，像是悄无声息地完成了某种传承。双亲不在，从此这个家的担子由我来背。尽管我过去的人生经历坎坷波折，却从来没觉得步伐沉重。可经此一事，我突然能理解所谓一夜长大，是真的会将家人从今往后的人生统统扛在自己身上的。

我不喜欢这样的感觉，却也必须负重前行，山没了我得成为家人坚实的靠山，天塌了我得为他们开创一片不复阴霾的蓝天。所以我知道我不能在他们面前表现出悲伤，我也很清楚自己绝不能在家族最艰难的时候当一个软弱的逃兵。

我不知道你们是否经历过这样必须挺身而出的时刻，我希望你们永远不要在还可以做一个孩子的时候提早面对这种逼着自己长大的无奈处境。

过去我总觉得脚下的路会通往无边无垠的自由，只要努力变得强大就可以去到任何想去的地方，但事实并非如此。

漫威电影里大家总是期待在最绝望的时候能够出现一个力挽狂澜的超级英雄。人们需要超级英雄。而对英雄自身而言，在拯救世界前必须完成的是从自我认知到自我蜕变的艰难过程。

没有人是天生的盖世英雄，他在驾着七彩祥云与我们相遇之前也经历过碎裂又重生的痛苦挣扎。明知不可为而为之已实属不易，但愿意压抑所有锋芒完成漫长的修行却更像是身为一个普通人的成长之路。

我从前不懂，只爱敢作敢为来去如风的齐天大圣，可如今经过这么多变化，却也懂得了那个隐忍克制不离不弃的行者悟空。他从前占山为王也好，上天入地也罢，都是仗着法力无边的菩提老祖的疼爱和庇护；等到他戴上金箍，变成了大和尚的保镖和两个犯了错的小仙的师兄，一切就都不一样了。

如梦　　　　　　　　　　　如戏

所有的故事都已写好，
我要做的就是投入其中，成为故事的一部分。

我喜欢略带遗憾的故事结局，喜欢历经世事变迁后时间在人们身上留下几许厚重的沧桑感。加西亚·马尔克斯在《百年孤独》开篇的第一句写道："多年以后，奥雷连诺上校站在行刑队面前，准会想起父亲带他去参观冰块的那个遥远的下午。"笔触冷峻，却独具在时间、空间中拖拽拉伸的苍凉与感慨，只这一句就显示出他讲述故事的深厚功力。

与仿佛文字魔术师的马尔克斯不同，青山七惠在《一个人的好天气》中则平铺直叙地为我们讲述了 20 岁女孩知寿的一段如水

般的生活故事，语言轻盈朴实，却让人在合上书的一刹那心中
百感交集。

所讲的故事不同，呈现的方法各异，却都会带给我们最为真实
的感动，我想这正是他们之所以成为优秀作家的伟大之处。其
实我本身爱看故事，也希望能尽自己的力量不去辜负一个好的
故事，当然，是以一名演员的身份。

我知道要成为一名好的演员是有很多路要走的。从刚开始摸索
演戏的方法技巧、揣摩角色的心思、模仿其应有的神情动作，
到自内而外共鸣的传递、完整地体现故事的脉络和深意，这中
间需要的不仅仅是认真细致的思考，更需要长期坚持不懈的努
力练习。

自从接触戏剧以来，我就会对很多在街上碰到的各种各样的人，
进行长时间的观察。比如一个排队点餐但急着上班的小伙子，
比如堵车时临近车辆中驾驶员们的状态。我不知道未来的某一
天里会接到什么样的角色，因此在每一个机会到来之前我都要
做好随时待命的准备。

在我看来，演员是为戏而生的。身为一个演员，其职责就是在已经写好的故事中尽可能真实地呈现出角色该有的状态。为了让自己有更强的带入感，我有时在家会对着镜子练习，也会在四下无人时自己和自己对话，可能在别人看来会比较滑稽，但这对我来说其实不失为一种很好的练习方式。

每个行业在它所拥有的光环背后，都会有不为人知的辛苦。我知道既然能享受演员给我带来的成就感，那就自然可以克服它所带来的巨大挑战。其实在演戏这件事情上我是"百无禁忌"的，我不会刻意给自己设限，没有什么角色是我不愿意饰演的，我想去尝试，也有兴趣研究在影视剧中每一个角色存在的合理性。

我喜欢演戏是因为比起看故事，亲身参与到故事中是一种更为特殊的体验，挖掘自身可能性固然是演戏的乐趣所在，而尽我所能让故事圆满，呈现出能被大家认可的完整的作品却是我今后依然要努力的方向。

尽管我每次离开剧组都不会陷在角色里无法出戏，但曾经演过的每一部戏我都会认真回看，分析自己在表演上存在哪些问题，

今后再遇上类似的问题时能不能用另一种方式演绎得更真实。

老实说在大部分情况下，我演得是好是坏我自己心里还是非常清楚的，演员在工作过程中也会遇到进展不太顺利的时候。我不会特别抵触这种工作当中的不顺，因为我知道有时太过顺利在角色的塑造上也不一定是件好事，在多加思考打磨之后得到的结果可能反而会令人更加满意。

说到我喜欢的戏剧类型，其实这些年在拍了很多玄幻题材的电视剧后，我发现自己居然有点喜欢上了这样的题材。可能现实中的情与爱大多显得雷同，在庞大的仙界中，或许能构架出更为奇幻的相遇相知。也许这就是我时至今日都怀着的一点点孩子般的幻想吧。

我不知道此时此刻我能不能如从前所盼的，以一个演员的身份得到大家的认可，但我觉得自己已经找到了愿意为之努力的东西。不管是五年，还是在今后更久的时间里，演戏一定会是我发展道路上最重要的坚持。因为真正找到自己喜欢的事情后，我们一定会发现它带给自己的快乐，是其他东西无法取代的。

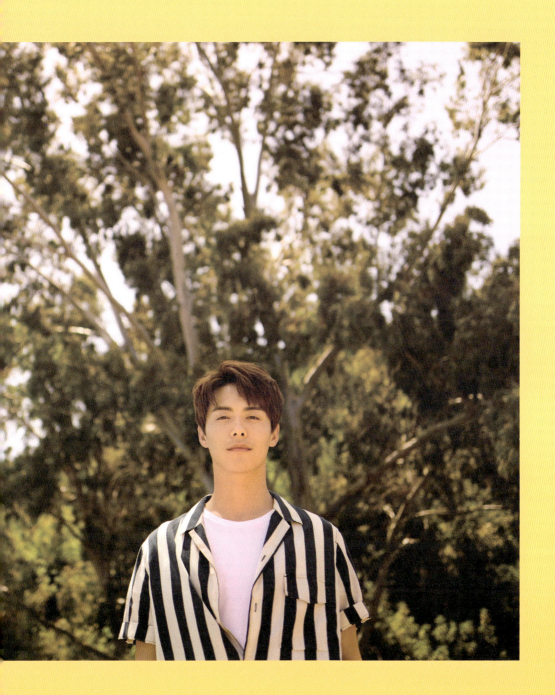

CAST

出　　品｜北京磨铁图书有限公司
　　　　马天宇工作室

出 品 人｜汪迪 魏玲
总 策 划｜魏凡
项目总监｜林灿歌
宣传总监｜张潞
责任编辑｜周亚灵
助理编辑｜高榕
特约编辑｜杨智敏
装帧设计｜付诗意
摄 影 师｜彦俊（ANNOVISION）
后　　期｜郡象大风
花　　絮｜高巍
发　　型｜KIM EUNJI
化　　妆｜PARK MINJI

特别感谢｜TCL TCL

图书在版编目（CIP）数据

观心 / 马天宇著 . — 北京 : 中国友谊出版公司，
2018.10

ISBN 978-7-5057-4542-1

Ⅰ . ①观… Ⅱ . ①马… Ⅲ . ①马天宇－自传 Ⅳ .
① K825.78

中国版本图书馆 CIP 数据核字 (2018) 第 245047 号

书名	观心
作者	马天宇
出版	中国友谊出版公司
发行	中国友谊出版公司
经销	新华书店
印刷	北京盛通印刷股份有限公司
规格	700 毫米 ×980 毫米　16 开
	16.5 印张　50 千字
版次	2018 年 11 月第 1 版
印次	2018 年 11 月第 1 次印刷
书号	ISBN 978-7-5057-4542-1
定价	68.00 元
地址	北京市朝阳区西坝河南里 17 号楼
邮编	100028
电话	（010）64668676

如发现图书质量问题，可联系调换。质量投诉电话：010-82069336

村上海己